Change World 2

MINADUKI YUU

Yosuke Ito

23 Jahre, Angestellter
einer Handelsfirma. Ein cooler
und wortkarger Typ, doch seine
Liebe zu Arimura kennt viele
Worte (jedenfalls in seinem
Herzen).

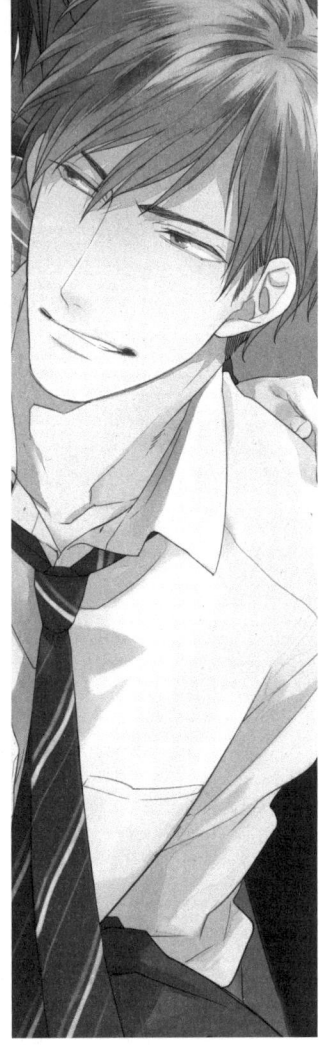

Ikuo Arimura

25 Jahre, Kaufhaus-Angestellter.
Er hat eine freundliche und positive
Art, doch wenn es um seinen
geliebten Yosuke geht, vergisst er
sich manchmal selbst.

Masato Hozumi

27 Jahre, arbeitet
zusammen mit Yosuke
bei der Handelsfirma
Yotsutomo.

Matsu

Ehemaliger jüngerer
Mitschüler von Arimura
und Freund von Yosuke.
Macht eine Lehre in dem
Restaurant, das seiner
Familie gehört.

Nana Arimura

Arimuras jüngere
Schwester. Studentin
im zweiten Jahr. Starker
und positiver Mensch.
Sie hegte früher
einseitige Gefühle
für Yosuke.

Arimuras Teamkollege Yosuke aus dem Baseballclub der
Oberschule wird der Privatlehrer seiner jüngeren Schwester.

Er freut sich, als er erfährt, dass der zunächst schroff und
abweisend wirkende Yosuke ihn schon seit langem bewundert. Doch
dann bemerkt er, dass dieser noch ganz andere Gefühle für ihn hegt.

Nach einer Reihe von Verwirrungen, Verletzungen und
Missverständnissen haben die beiden doch noch zueinander gefunden.

Inzwischen ist ein Jahr vergangen und ihre Beziehung steht an einem Wendepunkt,
ausgelöst durch das Wiedersehen mit Arimuras Studienkollegen Hozumi und
Yosukes möglicher Versetzung ins Ausland...

Wie alles begann, lest ihr in „Sayonara Game" - bereits im Handel erhältlich

Change World
Inhalt

episode.5

TAP

TAP

TAP

TAP

GRAPP

GUTEN MO...

WAS HAST DU ZU IHM GESAGT?

ACH, DU BIST'S, ITO!

HAB ICH MICH ERSCHRECKT!

SSST

ICH HINGEGEN WÜRDE FÜR IMMER BEI DIR BLEIBEN.

...

NEIN... EHRLICH GESAGT, VERSTEHE ICH DAS NICHT.

VERSTEHST DU, WAS ICH DAMIT SAGEN WILL?

FRÜHER WAR ICH AUCH MAL... MIT EINEM HETERO ZUSAMMEN. GENAU WIE DU JETZT.

DAHER KANN ICH NICHT EINFACH STILLSCHWEIGEND ZUSEHEN...

VIELLEICHT HAST DU RECHT UND ICH BIN TATSÄCHLICH SCHWUL.

HAH!

ICH DACHTE MIR SCHON, DASS DU SO WAS SAGEN WÜRDEST.

WENN DU ABER MEINST, DASS WIR UNS GEGENSEITIG DIE WUNDEN LECKEN SOLLTEN...

... DARAN HABE ICH KEIN INTERESSE.

...

ES MACHT EINEN FERTIG, ALLEIN DAMIT KLARKOMMEN ZU MÜSSEN.

MAN FÜHRT SEINEN PARTNER AUF EINEN STEINIGEN WEG.

DAS SCHLECHTE GEWISSEN LÄSST EINEN NICHT LOS.

ICH VERSTEHE DAS.

VIELLEICHT HILFT ES DIR, MIT JEMANDEM DARÜBER REDEN ZU KÖNNEN.

ODER BIN ICH ZU AUF-DRINGLICH?

DIE GANZE ZEIT...

ICH HATTE EIN SCHLECHTES GEWISSEN.

DURCH HOZUMIS WORTE WUSSTE ICH NUN AUCH, WARUM.

... HATTE ICH DIESEN KNOTEN IN DER BRUST.

NORMALER-WEISE WÜRD ICH DIR JETZT EIN GLÄSCHEN ANBIETEN...

... ABER DU SIEHST ECHT MITGENOMMEN AUS.

LIEBER EINEN TEE!

SORRY!

UND ES MACHT DIR WIRKLICH NICHTS AUS? IHR WOLLTET DOCH GERADE SCHLIESSEN...

GAR KEIN PROBLEM!

ICH FREU MICH, DICH ZU SEHEN!

Japanisches Restaurant Matsu

Matsu

DANKE...

GENIESSEN SIE IHR ESSEN!

OKAY, ALLES KLAR!

AH, TAKA! ICH RÄUME NACHHER AUF, GEH RUHIG SCHON NACH HAUSE!

HÖR MAL

... WEGEN GESTERN...

HM?

FALLS DU DICH ENT-SCHULDIGEN WILLST... DAS BRAUCHST DU NICHT!

WENN ER SICH ETWAS IN DEN KOPF GESETZT HAT, LÄSST ER SICH DURCH NICHTS DAVON ABBRINGEN.

ICH KENNE ARIMURA SCHON SEIT WIR KLEIN WAREN.

... DER EINMAL GETROFFENE ENTSCHEIDUNGEN BEREUT?

IST DEIN ÜBER ALLES GELIEBTER ARIMURA DENN JEMAND...

ICH DENKE, IHM IST BEWUSST, DASS ER IN ZUKUNFT AUF EINIGE SCHWIERIGKEITEN GEFASST SEIN MUSS.

DEIN EIGENES GLÜCK?

ODER DAS, WAS DIE LEUTE SAGEN?

WAS IST DIR WICHTIGER...?

ICH DENKE, DARÜBER SOLLTEST DU DIR ERST EINMAL KLAR WERDEN.

LOTUSWURZEL-HEFEKLOSS

HIER, MEIN SPEZIALGERICHT.

IN EINEM WINKEL MEINES HERZENS HATTE SICH DAS SCHLECHTE GEWISSEN EINGENISTET.

ICH HATTE MICH EINFACH SORGLOS AN DER BEZIEHUNG MIT ARIMURA ERFREUT.

UND ICH? WAR ICH INNERLICH AUF DAS KOMMENDE VORBEREITET?

DAHER TRAFEN MICH DIE WORTE VON HOZUMI TIEF UND BRACHTEN MICH AUS DEM GLEICHGEWICHT.

DAS WAR DOCH VON ANFANG AN IMMER KLAR.

WAS IST MIR AM WICHTIGSTEN?

TSCHIEP
TSCHIEP
TSCHIEP

ABER WAS
KANN ICH
IHM DENN
SAGEN?

ICH WILL
MICH...

... NICHT
VON YOSUKE
TRENNEN.

WIR HÄTTEN
DAS RECHT,
ZUSAMMEN
ZU SEIN.

SOLLTEN WIR UNS
JEMALS TRENNEN
WOLLEN, DANN NUR
IN GEGENSEITIGEM
EINVERSTÄNDNIS.

ABER ALL
DAS TRIFFT
AUF UNS
NICHT ZU
...

... WIR HABEN
NICHTS AUS-
SER UNSEREN
GEFÜHLEN
FÜREINANDER.

KÖNNTEN WIR HEI-
RATEN, HÄTTEN WIR
DURCH EIN EINZIGES
BLATT PAPIER AUF
EINMAL VIEL MEHR
SICHERHEITEN.

WOLLEN
WIR KURZ
PAUSE
MACHEN?

ICH
MACH
UNS
EINEN
TEE.

DAS HÖRT SICH EINFACH AN, IST ABER OFT ZIEMLICH SCHWIERIG.

WENN MA[N] SICH EINE[M] MENSCHE[N] ANNÄHER[N] MÖCHTE.

UND NATÜR- LICH MUSS MAN DAS AUCH VON SICH SELBST WISSEN.

... MUSS MAN IN ERFAHRUNG BRINGEN, WIE ER DIE DINGE SIEHT UND WAS ER SICH WÜNSCHT.

... DAS GLEICHE WIE MAMA?

UND SIEHST DU JETZT...

ABER WAS ICH MIT GEWISSHEIT SAGEN KANN, IST...

... DASS SICH MEINE ART, DIE WELT ZU SEHEN, AN AIKOS ANGE- NÄHERT HAT.

TJA. SO GENAU WEISS[T] ICH DAS GAR NICHT.

UND WENN ICH DAS SPÜRE ...

... SIND DAS AUGENBLICKE DES GLÜCKS FÜR MICH.

KNICK

YOSUKE
UND ICH...

... WIE
BLICKEN WIR
IM MOMENT
AUF DIESE
WELT?

...

HM? WER
DENN?

KEINE
AHNUNG.

HATTE
DEN NOCH
NIE GESEHEN.
VIELLEICHT EIN
BEKANNTER
VON DIR?

AH!

BLA

BLA

HM...

ÜBRIGENS HAT
MICH NEULICH
JEMAND NACH
DIR GEFRAGT,
MASATO.

PLING

18:15
Mittwoch, 14. Juni

INE

vor 1 Minute

zumi: Wenn du heute pünktlich
erabend machen kannst, lass uns
as trinken gehen. Ich will wegen
r Sache mit dir sprechen.

m Anzeigen der Nachricht wischen

DASS DU MAL PÜNKTLICH FEIER-ABEND MACHST! VORBEREITUNGEN FÜR AMERIKA?

NEIN, DAS NICHT...

ENTSCHUL-DIGE, ES IST WAS PRIVATES.

ICH MACH MICH AUF DEN WEG.

PLOPP

Ich bin dabei.

VIELEN DANK FÜR NEULICH.

HIER IST ITO.

KLINGELING

KLINGELING

KLINGELING

AHA. SO WAS GIBT ES ALSO AUCH.

ICH FINDE, ANDERE MÜSSEN NICHT UNBEDINGT MITKRIEGEN, WORÜBER WIR UNS UNTERHALTEN.

WAS TRINKST DU? ICH BESTELLE.

ALSO HAB ICH EXTRA EIN RESTAURANT MIT SEPAREES AUSGESUCHT.

ICH BIN HIER, UM ZU REDEN. MIR IST NICHT NACH ALKOHOL...

ACH SO? TJA, DANN VIELLEICHT EIN ALKOHOLFREIER COCKTAIL.

UND...? HAST DU INZWISCHEN NOCH MAL MIT IKU GESPROCHEN?

IHR HATTET EUCH DOCH GESTRITTEN, ODER?

NOCH NICHT.

UND DAS HIER...

WILLST DU ETWA ABWARTEN, BIS ER WIEDER KLAR DENKEN KANN?

WARTET DEIN CHEF NICHT AUF EINE ANTWORT, WAS DEINE AUSLANDSSTELLE ANGEHT?

WIR HABEN BEIDE GERADE VIEL ZU TUN AUF DER ARBEIT.

NATÜRLICH, GERN.

ES KOTZT
DICH RICHTIG
AN, DASS ICH
IMMER NUR
AN ARIMURA
DENKE, HM?

ITO, DU
SOLLTEST
...

... NICHT IMMER
NUR AN IKU
DENKEN.

BITTE ...?

WEIL DU IHN AUCH MAGST.

WIE KOMMST DU DARAUF?

ICH HABE MICH ...

. EIN WENIG IMGEHÖRT.

ZUCK

DIR GEHT ES NUR DARUM, MEINE UND ARIMURAS BEZIEHUNG ZU ZERSTÖREN.

ODER IRRE ICH MICH DA?

ICH WOLLTE HERAUS- FINDEN ...

... WAS DU EIGENTLICH WILLST.

...

JA.

JA, ALLES WEITERE MACHE ICH...

BUM

MARIE KURODA ...

HÖR MAL, MASATO...

IHR BEIDE HABT VORGEGEBEN, EIN PAAR ZU SEIN UND KANNTET DIE SCHWÄCHEN DES JEWEILS ANDEREN.

DIE FRAU, DIE DICH AM BESTEN VERSTEHT ...

AM ENDE VER-LETZT DU DOCH NUR DICH SELBST DURCH SOLCHE AKTIONEN.

OBWOHL IHR NICHT MEHR SO ENG SEID, ACHT SIE SICH IMMER NOCH SORGEN UM DICH.

DAS WEISST DU DOCH.

ABER ER HAT SICH ZURÜCK-GEHALTEN.

OBWOHL ER BESTIMMT ETWAS VERKNALLT WAR.

ER SIEHT DEM MANN, DEM MASATO SEIN TRAUMA ZU VERDANKEN HAT, ETWAS ÄHNLICH.

IST GENAU SEIN TYP.

DESWEGEN IST IHM EURE BEZIEHUNG VERMUTLICH SO EIN DORN IM AUGE.

FÜR EUCH NATÜRLICH TOTAL UNVER-STÄNDLICH.

... GLAUBT NÄMLICH, DASS HETEROS UND SCHWULE NIEMALS ZUSAMMENKOMMEN KÖNNEN.

DER NAIVE TROTTEL ...

... DANN BIST DU...

WENN DU NUR VON DEM GEDANKEN BESESSEN WARST, UNSERE BEZIEHUNG ZU ZERSTÖREN...

... GAR NICHTS WERT FÜR DICH?

SIND DAS VERTRAUEN UND DIE ERIN-NERUNGEN, DIE ARIMURA UND ICH GEMEINSAM AUFGEBAUT HABEN...

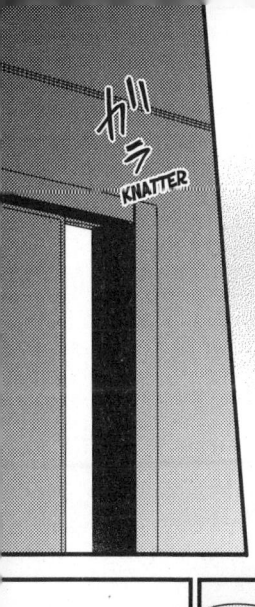
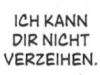

KNATTER

... EIN WIRKLICH EINSAMER MENSCH.

ICH KANN DIR NICHT VERZEIHEN.

ABER IN GEWISSER WEISE BIN ICH DIR DANKBAR.

MIT DEM KERL WIRD DAS EH NICHTS.

ITO, DU VERZIEHST KEINE MIE-NE...

... ABER RÄCHST DICH AUF SO PER-FIDE ART.

NA, DANN STRENG DICH MAL AN.

KLINGELING

KLINGELING

KLINGELING

DICH KANN MAN KEINE SEKUNDE AL-LEIN LASSEN. LASS UNS EI-NEN TRINKEN GEHEN.

WAS...?

WO BIST DU?

VRRRRRR

ICH MÖCHTE IHN TREFFEN UND MIT IHM REDEN.

DARÜBER, WIE WIR FÜR IMMER ZUSAMMEN BLEIBEN KÖNNEN...

ICH MÖCHTE ARIMURA SEHEN...

!

AH, HALLO?

ICH WOLLTE DICH AUCH GERADE ANRUFEN!

HÖR MAL, YO...

ARIMURA! KÖNNEN WIR UNS JETZT TREFFEN?

ACH SO?

YOSUKE...? HAST DU JETZT ZEIT?

JA...

ICH BIN NÄMLICH GERADE AUF DEM WEG ZU DIR NACH HAUSE...

WAS?

MIR GING ES DAMALS ÄHNLICH. MEINE GEFÜHLE WURDEN HIER IN DIESEM PARK AUCH NICHT ERWIDERT.

ERINNERST DU DICH NOCH AN DIESEN ORT?

JA...

DU HAST DORT DRÜBEN AUF DER SCHAUKEL GESESSEN UND WARST NIEDERGESCHLAGEN, WEIL DEINE GEFÜHLE NICHT ERWIDERT WURDEN.

ÄH, JA, DEN TEIL KANNST DU GETROST VERGESSEN.

UND DAS KANN ICH NICHT VERGESSEN, SELBST WENN ICH ES WOLLTE.

WIE STEHT ES DENN NUN UM DEINEN AUSLANDS-AUFENTHALT?

HAST DU DICH ENT-SCHIEDEN?

?

ACH, VERGISS ES.

ICH HABE DAMALS NOCH ETWAS GANZ ANDERES GESEHEN ALS DU...

DIR MACHT DEINE ARBEIT SPASS.

DU WILLST DOCH GER-NE GEHEN, ODER?

ANFANG NÄCHSTER WOCHE SOLL ICH EINE VERBINDLICHE ANTWORT GEBEN...

...

UM EHRLICH ZU SEIN... ZÖGERE ICH NOCH ...

ICH HABE IN-TERESSE, JA...

ABER ICH...

DENN LETZTEND-LICH...

... EXISTIERTE DAS ALLES NUR IN MEINEM KOPF.

ICH WOLLTE DICH EINFACH NICHT VERLETZTEN.

HM?

ER HAT ALSO EIN FALSCHES SPIEL GE-TRIEBEN?

DER MISTKERL!!

HOZUMI HAT DAS GEWUSST.

UND DESWEGEN HAT ER DICH ANGESTA-CHELT.

VERSTEHE...

... WIRD DURCHSTRÖMT VON WÄRME...

MEIN HERZ...

... EIN UNBESCHREIB-LICHES GEFÜHL.

AAAH...

ARIMURA...

ICH WERDE IN DIE USA GEHEN.

ALSO...

DANN STRENG DICH MAL AN.

OKAY.

GUTEN MORGEN, YOSUKE!

ZIEMLICH KALT.

DIE GEFÜHLTE TEMPERATUR LIEGT HEUTE BEI MINUS 15 GRAD.

WOW!

UND WIE IST ES GERADE BEI EUCH?

AUF DEM LETZTEN FOTO, DAS DU MIR GESCHICKT HATTEST, LAG IRRE VIEL SCHNEE!

HALLO ARIMURA!

SIEHST JA RICHTIG GESUND AUS!

GEHÖRT ZU DEN ERFAHRUNGEN, AUF DIE ICH VERZICHTEN KANN.

... UND MICH DIE ARBEIT MANCHMAL ZU ERDRÜCKEN SCHEINT.

AUCH WENN DAS LEBEN HIER GANZ ANDERS IST ALS IN JAPAN...

ICH HABE MICH GUT IN NEW YORK EINGELEBT.

... MIT DIR ZU-SAMMEN WÄRE ES SICHER GAR NICHT SO KALT.

ABER NA JA...

DAS HAT MICH SCHON OFT GERETTET.

ABER ARIMURA BRINGT MICH MIT SEINEM LÄCHELN STETS WIEDER AUF DIE BEINE.

STIMMT'S, YOSUKE?

DU WÜRDEST MICH DOCH MIT DEINEM KÖRPER WÄRMEN, ODER?

ERRÖT

PIEP

HEY!

ECHT JETZT? OKAY, SORRY...

SÜSS...?

DU BIST DER GEBORENE VERFÜHRER!

WARUM SCHALTEST DU PLÖTZLICH DIE KAMERA AUS?

... NUN MACH DIE KAMERA WIEDER AN!

WEIL DU SO SÜSSE...

ICH MAG IHN SO SEHR...

... SACHEN SAGST, DIE MICH AUS DER BAHN WERFEN!

MAL ÜBERLEGEN...

AH JA, HOZUMI HAT SICH GEMELDET.

GIBT ES DENN BEI DI IRGENDWAS NEUES?

NEE, SEITDEM HABEN WIR UNS NICHT MEHR GESEHEN. IST SCHON EINE WEILE HER.

TRIFFST DU DICH OFT MIT HOZUMI, ARIMURA?

LETZTENS HAST DU AUCH SCHON ERZÄHLT, DASS IHR EINEN TRINKEN WART.

ZUCK

GIBT W DEMNÄ EIN TR. GELAGE DEN AL UNIFRE DEN A DER CLI

ACH SO...

BRODEL

HÄ?

ARIM

DU DARFST AUF KEINEN FALL UNVORSICHTIG WERDEN, WAS HOZUMI ANGEHT.

DU MACHST JA EIN GESICHT!

ABER GLAUB MIR: ICH WILL FÜR DEN REST MEINES LEBENS JEDES LACHEN UND JEDE TRÄNE MIT IHM TEILEN.

UND BIS DAHIN JEDE ALLTÄG-LICHKEIT ZU EINEM SCHATZ MACHEN.

DENN FÜR MICH IST AUCH DAS »JETZT« WICHTIG.

HOZUMI, ICH WEISS, DASS DU EINE GUTE BEOBACH-TUNGSGABE HAST.

DESWEGEN HAT ES MICH AUCH SO GE-TROFFEN, ALS DU GESAGT HAST, ICH HÄTTE KEINEN PLAN FÜR DIE ZUKUNFT.

DU HÄLTST MICH BESTIMMT FÜR JEMANDEN, DER EINFACH SO IN DEN TAG HINEINLEBT.

WAS DENN? WOLLTEST D... MICH BLOSS TREFFEN, U... MIT DEINER BEZIEHUNG Z... PRAHLEN?

ICH GEB'S ZWAR UNGERN ZU, ABER ICH BEWUNDERE DICH SCHON.

ALSO KANNST DU MIR DOCH EIN WENIG GESELLSCHAFT LEISTEN.

DU BIST SCHON EIN KAUZ. HAST DICH KEIN STÜCK GEÄNDERT.

NUSCHEL

ODER

ABER SAG MAL, WIE SCHAUT'S DEN... DA UNTEN AUS... IST JA SCHÖN UND GUT, DAS... GEFÜHLS- TECHNISCH ALLES KLAR IST.

ABER SICH STÄNDIG SELBST EINEN VON DER PALME ZU WENDELN, MUSS AUF DAU- ER ZIEMLICH ÖDE SEIN!

... SPRINGE ICH GERN ALS ERSATZ FÜR IHN EIN.

WENN DU OHNE ITO EIN BISSCHEN EINSAM BIST...

GRAPP

VIELEN DANK, DASS DU DICH DAR- UM SORGST...

NA, HÖR MAL!

DU SOLLTEST DIE LEUTE NICHT IMMER SO VERAR-SCHEN.

SCHIEB

SCHLIESSLICH GIBT'S FÜR MICH AUCH...

... KEINEN ERSATZ FÜR DICH.

UND SAG NICHT SO TRAURIGE SACHEN. DU SOLLTEST FÜR NIEMANDEN DER ERSATZ SEIN.

KLACK!

HI!

YOSUKE!

HAST DU SCHON GEGESSEN? WENN NICHT, KOMM DOCH MIT!

BRUBBEL

BRUBBEL

ICH WÜRD IHM SOFORT EINE RUNTERHAUEN, WENN ER SIE NICHT GUT BEHANDELT.

KLOPF

KLOPF

SCHWESTER-KOMPLEX...

AH!

SORRY, BIN GERADE AM SKYPEN. ICH ESSE SPÄTER.

OKAY!

WER WAR DAS DENN?

DAS WAR MEIN MITBEWOHNER WILL. IST LETZTEN MONAT EINGEZOGEN.

TS!

UIUI!

IST DAS ETWA DEIN FREUND?

GANZ GENAU!

ABER KOMISCHER-
WEISE HABE ICH DAS
GEFÜHL, DASS SICH
UNSERE HERZEN
NÄHER SIND ALS
SONST.

MIST EY! WIR
SIND SO WEIT
AUSEINANDER...
ES NERVT, DASS
ICH DICH NICHT
IN DEN ARM
NEHMEN KANN!

DAS IST
SO BLÖD!

DIE BEGRENZTE
ZEIT UNSERER
GEMEINSAMEN
TELEFONATE IST
MIR HEILIG.

IHM GEHT
ES SICHER
GENAUSO.

MANCHMAL WURDE
ICH UNSICHER,
WEIL ER SO WEIT
WEG WAR.

ICH SPÜRE
ES.

NA JA, SCHÖN
WÄR'S JEDEN-
FALLS.

DESWE-
GEN...

HUST

... BIN ICH
AUCH NICHT
MEHR UNSI-
CHER.

ABER AUFGE-SCHOB...IST NIC... AUFGE... BEN.

DAS HOLEN WIR ALLES NACH, WENN DU WIEDER IN JAPAN BIST.

KLAR?

ABER...

MACH DICH AUF WAS GEFASST!

AH, SORRY. HAB GESTERN NOCH BIS SPÄT IN DIE NACHT AN DER ZUSAMMENFAS-SUNG DER VER-KAUFSZAHLEN GESESSEN.

ARIMURA, HÖR MAL...

GÄHN

... ICH HALTE MEINE GEFÜHLE UNTER VERSCHLUSS. SIE WÜRDEN SONST ALLE AUS MIR HERAUS-SPRUDELN...

... UND ICH WÜRDE KEIN ENDE FINDEN.

EIGENTLICH BESTEHT UNSERE WELT NUR AUS NOTWENDIGKEITEN UND ZUFÄLLEN.

MANCHMAL PASSIERT ETWAS, DASS MAN MIT WORTEN NICHT ERKLÄREN KANN: EIN WUNDER.

DOCH EIGENTLICH HANDELT ES SICH DABEI NUR UM DAS ERGEBNIS VON AUFEINANDER ABGESTIMMTEN GEFÜHLEN.

Arimura

HERR ARIMURA!

DAS IST ES...

IRGENDWANN ERZÄHLE ICH EUCH ALLES.

ES GEHT HIER SCHLIESSLICH NICHT NUR UM MICH.

ERZÄHL MIR MEHR!

WOLLT IHR VIELLEICHT SOGAR HEIRATEN?

ABER FÜR MICH KOMMT NIEMAND ANDERS MEHR IN FRAGE.

ES IST LIEBE.

KLACK

IKUO, DU BIST...

OH...

VERSTEHE.

JEMAND, DER FÜR DICH DIE WELT BEDEUTET UND SIE VERÄNDERT.

RICHTIG.

... EIN VERDAMMT COOLER TYP!

TS!

DIE EINSICHT KOMMT ABER SPÄT!

DARF ICH
DIR ETWAS
SAGEN, WAS
ICH DIE GANZEN
ZWEIEINHALB
JAHRE NICHT
SAGEN KONNTE?

ICH HAB
DICH VER-
MISST...

WAS
DENN?

POCH

WIR HABEN
UNS SO
LANGE NICHT
GESEHEN...

HAH

... UND ICH
DACHTE, ICH
HÄTTE MICH
JETZT BESSER
UNTER KON-
TROLLE.

ZUCK

ER FÜHLT SICH SO GUT AN!

DEIN SCHWANZ IST SO...

... UND GROSS.

... HEISS...

AH!

ZUCK

HAH

PFF

DU MUSST DICH MEHR ENTSPANNEN. SO KANN ICH IHN NICHT BEWEGEN.

PUH

YO... SUKE...

PUH

HAH

NEIN!

ICH HATTE ES MIR SO OFT IN MEINEN TRÄUMEN AUSGEMALT.

BLEIB IN MIR, ARIMURA.

WIE ER MICH UMARMT.

DOCH WENN ICH AUFWACHTE...

... WAR ICH IMMER ALLEIN.

DU BIST
MEIN...

ENDLICH...

... BIST DU
WIEDER
DA...

... DANN WILL ICH...

... NIE WIEDER AUFWACHEN.

HAH!

CHRR

JA,
ABER...

NACH SO
EINEM LANGEN
FLUG MUSST
DU FURCHTBAR
ERSCHÖPFT
SEIN.

KANNST
DU NICHT
SCHLAFEN?

ALSO
WIRKLIC...

SAG DOCH EIN
FACH: „ICH WIL
ABER ARIMURA
SUPER-NUDEL
ESSEN!♥".

...

KLACK

end

BLA
BLA

ES IST JETZT EINE WOCHE HER, SEIT ICH ARIMURA NACH MEINER RÜCKKEHR WIEDERGESEHEN HABE.

HEUTE TREFFEN WIR UNS ENDLICH WIEDER.

ICH BIN SCHON WIEDER ZU FRÜH DRAN.

Extra: Wünsche einer Mondnacht

ABER NUN KONNTEN WIR UNS ENDLICH WIEDER BERÜHREN.

ALL DIESE GEFÜHLE KAMEN AUF EINMAL AUS MIR HERAUSGE-SPRUDELT.

POCH

ALS WÄREN WIR GANZ FRISCH VERLIEBT!

POCH

POCH

POCH

POCH

BERUHIG DICH, MEIN HERZ!

POCH

WIR HABEN UNS SO OFT AM BILDSCHIRM GESEHEN.

POCH

STARR

ICH MUSS MÖGLICHST SCHNELL EINE WOHNUNG FINDEN.

1LDK
149.000 Yen

3DK

DANN KÖNNEN WIR WIEDER WIE FRÜHER UNGESTÖRT ZEIT ZU ZWEIT VERBRINGEN.

EINE GRÖSSERE KÜCHE WÄRE TOLL.

VIELLEICHT EINE OFFENE KÜCHE MIT DREI HERD-PLATTEN.

AM BESTEN WÄRE ES...

... WENN WIR ZUSAMMEN WOHNEN KÖNNTEN!

OH!

ABER ALS ER MICH DAS ERSTE MAL GEFRAGT HAT, HABE ICH ABGELEHNT.

HACH.

YOSUKE!
VERBEUG
SORRY...!
DIE FRAUEN ARBEITEN IN MEINER FIRMA UND WOLLTEN MICH ZUM TRINKEN EINLADEN.
WAR SICHER EIN LANGER ARBEITSTAG!
MIR MACHT DAS NICHTS AUS.
WOLLEN WIR LOS?
STAPF
STAPF
VERSTEHE.
DU BIST VERÄRGERT UND WILLST MIR NICHT MEHR INS GESICHT SCHAUEN.
POCH
N-NEIN! DAS STIMMT ...
... GAR NICHT...
FLÜSTER
... ABER...

DANN IST GUT!

ICH DACHTE SCHON, DASS ICH DER EIN-ZIGE BIN...

... DER SICH SO WAHNSIN-NIG AUF UNSER DATE FREUT.

POFF

URGH!

VIEL ZU NAH 'DRAN!

DIE NÄCHTE SIND GANZ SCHÖN KALT GEWORDEN.

SAG DOCH SO WAS NICHT EINFACH SO DAHER!

STÄNDIG MACHT ER SICH EINEN SPASS DARAUS, MICH AUFZUZIEHEN.

MIR IST HEISS.

ARIMURA...

... FREUT SICH, DASS ICH BEI IHM BIN.

ABER ICH BIN FROH.

... OB WIR ZU-SAMMENZIEHEN WOLLEN.

VIELLEICHT SOLLTE ICH DIESES MAL IHN FRAGEN...

HAST DU DICH INZWI-SCHEN WIEDER EIN BISSCHEN EINGELEBT?

DEINE ELTERN FREUEN SICH SICHER AUCH, DASS IHR ER-FOLGREICHER SOHN WIEDER ZURÜCKGE-KEHRT IST.

WAS MEINST DU, ARIMURA?

ER HAT VERSTANDEN, DASS ES IHNEN LEID TUT.

ABER...

...

...

ENTSCHULDIGUNG!

ICH KOMME SELBSTVERSTÄNDLICH FÜR DIE REINIGUNG DES ANZUGS AUF. GEBEN SIE MIR IHRE ADRESSE...?

NICHT NÖTIG! DAS MACH ICH...

WASSER MACHT KEINE FLECKEN.

ER HAT HÖFLICH ABGELEHNT, ALSO BEDRÄNGEN SIE IHN NICHT WEITER.

SONST DENKT VIELLEICHT NOCH JEMAND, SIE HÄTTEN DAS ABSICHTLICH GETAN.

DAS KANN ICH DOCH NICHT ZULASSEN.

DANN LASSE ICH IHNEN EINE KLEINE ENTSCHULDIGUNG ZUKOMMEN.

ZUCK

DRÜCK

J-JA?

SCHRECK

STARR

BUM

AN DIESEM TAG BIN ICH ZUM ERSTEN MAL IN MEINEM LEBEN...

UND DU, ARIMURA...!

WAGE ES NIE WIEDER, JE-MAND ANDEREN ALS MICH UM DEN FINGER ZU WICKELN!

... VOR ANDE-REN LEUTEN SO RICHTIG AUSGERASTET.

BRABBEL
BRABBEL

SEUFZ

NUN HÖR SCHON AUF ZU SCHMOLLEN.

ICH HAB DICH VOLL IN VERLEGENHEIT GEBRACHT.

O MANN, SO SIEHST DU ALSO AUS, WENN DU SO RICHTIG WÜ-TEND WIRST.

ICH MACH DOCH GAR NICHTS BESONDERES.

BIN EINFACH NUR NETT.

DU HAST ES SCHON IMMER GESCHAFFT, ANDERE IN DEINEN BANN ZU ZIEHEN...

DA WIR UNS SO LANGE NICHT TREFFEN KONNTEN...

... HABE ICH HEFTIGERE BESITZAN-SPRÜCHE ENTWICKELT.

NUSCHEL NUSCHEL

DU HAST DOCH MAL GESAGT, DU FREUST DICH, DASS ICH EIFER-SÜCHTIG BIN.

JETZT VERSTEHE ICH DAS ENDLICH.

DU BIST UND BLEIBST DER SÜSSESTE KERL AUF ERDEN...

RASCHEL

DESWEGEN BIN ICH IN EINER SACHE ETWAS VORGE-PRESCHT...

HA, HA, HA!

WEHE! VERGISS ES!

WAS REDEST DU DA?

ALSO MIR WAR DAS NICHT PEINLICH.

ICH KÖNNTE HIER UND JETZT LOSBRÜLLEN, DASS ICH TOTAL IN DICH VER-LIEBT BIN.

ZUCK

WARTE, ARIMURA.

DU HAST DEINEN ELTERN DOCH AUCH GESAGT, DASS DU DIE LIEBE DEINES LEBENS GEFUNDEN HAST.

GENAU. HÄTTE ICH DAS NICHT TUN SOLLEN?

ICH HAB MEINEN ELTERN SCHON GESAGT, DASS WIR ZUSAMMENZIEHEN.

WIR TASTEN UNS SCHRITT FÜR SCHRITT VOR.

ACH... SO.

WOBEI ES TATSÄCHLICH KOMISCHE DENKPAUSEN GAB

ÄH!?

IRGENDWIE.

MEINST DU? ALSO SIE HABEN ABER NICHTS DAZU GESAGT...

NA JA, FINDEN DIE DAS NICHT KOMISCH, DASS WIR ZUSAMMENZIEHEN, WENN DU SO JEMANDEN HAST?

SOLLTE ICH SEINEN ELTERN JETZT OFFIZIELL MEINE AUFWARTUNG MACHEN?

PANIK

NA, KOMM, LASS UNS GEHEN.

HEISST DAS, WIR SIND AUFGEFLOGEN?

ACH, DAS WIRD SCHON ALLES IRGENDWIE WERDEN.

end

OKAY, ALSO GEGEN 19.00 UHR, JA?

IN ORDNUNG! VIELEN DANK.

Change Life

GENAU.

DIE LEUTE VON DER SPEDITION VERSPÄTEN SICH.

HM... EINEN REISKO-CHER VIEL-LEICHT.

BRAUCHEN WIR SONST NOCH IRGEND-WAS?

ICH KONNTE MEINE SACHEN JA NICHT EWIG BEI MEINEN EL-TERN LAGERN.

HÄTTE ICH DOCH BLOSS DEN TOASTER DA-MALS NICHT WEGGE-GEBEN.

WIR ES-SEN BEIDE MORGENS BROT.

KLACK

AH!

BIST DU MIT DEINEM ZIMMER SCHON FERTIG, YOSUKE?

JA, ICH HAB NICHT SO VIELE SACHEN.

DEIN BETT UND DER BEISTELLTISCH KOMMEN HEU-TE ABEND, JA?

Bücher

Toraneko

ALSO WENN DU MICH SO NETT DARUM BITTEST...

LASS UNS DEMNÄCHST MAL IN RUHE ZUSAMMEN MITTAG ESSEN.

VON MIR AUS.

WAS MEINST DU, YOSUKE?

ICH KANN 'NEIN' SAGEN.

??

DABEI WAR ICH DAMALS DOCH MEHR ALS DEUT-LICH.

DEN SCHRECKT WOHL GAR NICHTS AB!

ER HAT MICH MIT DER AUSSICHT AUF GESCHICHTEN VON ARIMURA GEKÖDERT...

ZITTER

ZITTER

PRESS

Reiskocher

amasonic

LABER

LABER

UND..

FÜR EUER BUDGET WÜRDE ICH EUCH DIESEN HIER EMPFEHLEN.

... MIT SO EINEM HOCHDRUCK-KOCHER WIRD DER REIS ZWAR SCHÖN WEICH, ZERBRÖSELT ABER AUCH.

DA HAT JEDER SEINE EIGENEN VORLIEBEN.

DIESE FIRMA HIER MACHT SICH EINE SPEZIELLE TECHNIK ZUNUTZE, BEI DER DIE WÄRME DES REIS' ZIRKULIERT.

LABER

MIST!

ICH HÄTTE BESSER ZUHÖREN SOLLEN, BEVOR ICH EINFACH IRGENDWAS ANTWORTE.

JA! ARBEITEN SIE HIER?

HÖR MAL, ARIMURA WARUM IS HOZUMI HIER?

UND WARUM MÜSSEN WIR UNS SEIN GELABER ANHÖREN?

NA, ER HAT DOCH ANGEBOTEN, MIT ZUM LADEN ZU KOMMEN, WEIL ER SICH MIT ELEKTROARTIKELN AUSKENNT. UND DU HAST ZUGESTIMMT.

HÄ?

!?

FRÜHER WÄRE SO WAS NIE ÜBER SEINE LIPPEN GEKOMMEN.

BLA

BLA

VERGISS ES!

DACHTEST WOHL, ICH WOLLTE IHN IRGENDWIE RUMKRIEGEN, ODER?

ICH GLAUB, DA HAST DU WAS FALSCH VERSTANDEN!

HOZUMI? BIST DU...

... IMMER NOCH IN IHN...

STOPP, STOPP!

ICH MACH MICH AUCH AUF DEN WEG.

WENN ICH NOCH LÄNGER HIERBLEIBE, TRITT IRGENDWANN DAS PFERD AUS.

?

WIR KRIEGEN NOCH GROSSE SACHEN GELIEFERT.

TUT MIR LEID, HOZUMI. WIR MÜSSEN LANGSAM ZURÜCK.

ACH, STIMMT JA!

WAS GROSSES, JA?

SORRY, DA BIN ICH WIEDER.

DANKE FÜR DEN ÜBERFLÜSSIGEN HINWEIS!

AH!

VERGESST BLOSS NICHT, FÜR AUSREICHEND WECHSELBETTWÄSCHE ZU SORGEN.

ROAR!

POCH

POCH

WIE BEWEGST DU DICH DENN?

HA! HA!

ICH BIN IM HIMMEL...

ROLL

AH! ARIMURA...

HACH.

ICH BIN WIRKLICH KEIN STÜCK WEITER GEKOMMEN.

ACH, HAB MICH GERADE EIN WENIG ÜBER MICH SELBST GEÄRGERT.

WAS MACHST DU DENN FÜR EIN GESICHT?

WAS MEINST DU...?

KLATSCH

ABER ICH KANN DANN EINFACH NICHT MEHR LOGISCH DENKEN.

DAS WEISS ICH DOCH SELBST!

BITTE...?

DA GIBT ES DOCH NICHTS...

VORHIN WAR ICH EIN BISSCHEN EIFERSÜCHTIG AUF DICH UND HOZUMI.

SORRY!

... SAG ES
BITTE...

DRÜCK

DESWEGEN...

... SÜSS...

SO...

FÜR MICH...
GIBT ES
NUR DICH!

NG...

KISS

ISS

STREICHEL

KISS

KISS

PLÄTSCHER

PLÄTSCHER

VIELEN DANK... ARI-MURA...

DU TRINKST DEINEN KAF-FEE SCHWARZ, STIMMT'S?

ICH NEHM IMMER VIEL MILCH.

BUM

DU WARST SO DERMASSEN SÜSS IN DEM MOMENT!

ICH ERINNERE MICH EH KAUM...

KÖNNEN WIR DAS BITTE VER-GESSEN?

NANU? HEUTE MORGEN BIN ICH NICHT MEHR IKUO?

ICH SAGTE: WIR WOLLEN DAS VER-GESSEN!

ICH WAR IN DEM MOMENT IRGENDWIE NICHT GANZ ICH SELBST...

ZUCK

WIESO DENN?

WOW!

IHRE STIMMEN ERWECKEN DEN MANGA ZUM LEBEN!

BITTE SETZEN SIE SICH VORN HIN.

TEST, TEST.

※ AUFNAH-MELEITER

ICH FREU MICH SO!

MIR IST SCHLECHT VOR AUFREGUNG!

8

FREUDIGE REDAKTEU-RIN K.

PART-NER-MAME-CHOSI.

HINTER DEN KULISSEN DER JAPANISCHEN »SAYONAR. GAME«-CD

DIE BEIDEN SPRECHER DER HAUPTROLLEN:

MAKOTO FURU-KAWA SPRICHT: YOSUKE ITO

KAZUYUKI OKITSU SPRICHT: IKUO ARI-MURA

AUF GUTE ZUSAMMEN-ARBEIT!

SIE HABEN DAS ORIGINAL GELESEN...

...UND AUCH KLEINE FEINHEI-TEN RÜBERGE-BRACHT.

WIR WAREN ÜBERWÄLTIGT!

※ IN IHREN JEWEILIGEN ROLLEN GEZEICHNET

SCHON BEIM STIMMTEST KONNTEN WIR NICHT MEHR AN UNS HALTEN!

SO SÜSS!

YOSUKE!

EIN ENGEL!

DU KANNST MICH RUHIG ITO NENNEN, ARIMURA.

SO COOL!

IKUO!

FANTAS-TISCH!

NANA, WIE LAUFEN DIE PRÜFUNGS-VORBEREI-TUNGEN?

GENAU, WIE ICH SIE MIR VORGE-STELLT HATTE!

TAKUMI
IGARASHI
SPRICHT:
MATSU

FREUND:

KENTO
ISHIKAWA
SPRICHT:
KATO

KOLLEGE:

AUCH BEI DEN
NEBENCHARAKTE-
REN WAR ALLES,
WIE WIR ES UNS
VORGESTELLT
HATTEN.

KLEINE
SCHWESTER:

NATSUKI
AONO
SPRICHT:
NANA ARI-
MURA

SIE HABEN SO
GUT GESPRO-
CHEN, ICH HÄTTE
SIE GERN NOCH
LÄNGER AUFTRE-
TEN LASSEN.

TROTZ
ERNSTHAFTER
VERWICKLUNGEN
SORGEN DIE BEIDEN
IMMER WIEDER FÜR
GUTE STIMMUNG.

SIE IST SO
ZUCKERSÜSS,
DASS ES WEH
TUT!

BESONDERS DAS
STREITGESPRÄCH
MIT IKUO AM ENDE
IST UNS IN ERINNE-
RUNG GEBLIEBEN.

DER
UNVER-
MEIDLICHE
SCHWES-
TERKOM-
PLEX

ALS SIE GEWEINT HAT,
SIND MIR AUCH DIE
TRÄNEN GEKOMMEN...

DER AUF-
REISSER!

WAS?

HERR ISHIKAWA
HAT ZU DEN SPRECH-
TEXTEN AUCH DIE
ENTSPRECHENDEN
BEWEGUNGEN GE-
MACHT UND WIRKTE
DAMIT (IM POSITIVEN
SINNE) GENAU WIE
KATO.

... GESCHWIS-
TERLIEBE!

ES GEHT
DOCH NICHTS
ÜBER...

WACKEL

WACKEL

IHRE WEICHEN,
SCHÖNEN STIM-
MEN MACHEN
EINEN WIRKLICH
HAPPY.

... DIE FRAUEN (NANA
EINGESCHLOSSEN)
LASSEN DIE BLUMEN
IN DIESER WELT
ERBLÜHEN.

YURI
FUJIWARA
SPRICHT:
ARIMURAS
MUTTER

YURI
KOMA-
GATA
SPRICHT:
MORIKA-
WA

UND
DANN
GIBT ES
NOCH...

SHIN-
TARO
TANAKA
SPRICHT
KUBOTA

SEINE TIEFE
STIMME GEHT
DURCH MARK
UND BEIN. WIR
VOM ORIGINAL
FANDEN DAS
KLASSE!

IST ZWAR EIN FIESER KERL,
ABER MAN KÖNNTE DENKEN,
ER GEHÖRT ZU DEN GUTEN.

NANA, LASS DICH NICHT SO MITREISSEN, SONST KOMMT IHR WIE ECHTE PROFIS RÜBER.

ARIMURA, HIER BITTE EIN BISSCHEN ABGEBRÜHTER...

LOS!

DER EIGENTLICHE KAMPF BEGINNT IM 9. INNING, IN DER RÜCKRUNDE NACH ZWEI OUTS.

AM MEISTEN HAT MICH DIESE SZENE HIER ERFREUT.

RÜCKBLICK IN DIE OBERSCHULZEIT

WOW!

ENTSCHULDIGUNG!

DAS WAR PERFEKT!

GESCHWISTERPOWER VOM FEINSTEN!

YOSUKE MIT ETWAS HÖHERER STIMME. DIESES GEFÜHL VON FRISCHE IST WIRKLICH SO, SO, SO NIEDLICH! (UNS FEHLEN DIE WORTE)

EIN ENGEL!

EIN ENGEL!

ZITTER

ZITTER

UNSERE REDAKTEURIN HAT MUTTERGEFÜHLE.

OOOH!

JA, GENAU! STIMMT!

... UND SEHR GENAU GECHECKT UND PASSENDE ANSAGEN GEMACHT. WIR WAREN BEEINDRUCKT!

... HAT DER AUFNAHMELEITER DIE CHARAKTERE WUNDERBAR ERFASST...

INSGESAMT...

ICH BIN GEBLENDET!

DAS IST IKUO, BEVOR ER FRAUEN KANNTE.

AUF DEN IST VERLASS!

VEREHR

ANBET

DIE SZENE AM FLUSS BRAUCHT SO GUT WIE KEINE RETAKES.

AM ENDE HABEN WIR ÜBERHAUPT NICHT MEHR AUFS SKRIPT GEACHTET, SONDERN NUR NOCH GEBANNT ZUGEHÖRT.

MIT HERZBLUT DABEI!!

... UND WICH HEFTIGER EROTIK. ICH KONNTE GAR NICHT DEN KOPF HEBEN.

DIE SANFTHEIT DER ERSTEN HÄLFTE WAR VORÜBER...

AUCH DIE LIEBESSZENE WAR GANZ UND GAR FANTASTISCH.

NUR K. SAH DIE GANZE ZEIT HIN.

STARK!

ZITTER ZITTER

IKUO WIRKTE MIT SEINEN WORTEN SO MÄNNLICH UND FORDERND.

ICH HATTE ES NATÜRLICH SO GEZEICHNET, DASS IKUO VÖLLIG HINGERISSEN IST VOM «NORMALEN» YOSUKE UND DEM YOSUKE BEIM SEX.

ABER ES DANN DURCH DIE SYNCHRONSPRECHER TATSÄCHLICH SPÜREN ZU KÖNNEN, IST NOCH MAL WAS GANZ ANDERES.

KRASSER UNTERSCHIED!

DAZU YOSUKES ABGEBROCHENES, KOKETTES KEUCHEN...

... MACHTEN ALLES SO UNGLAUBLICH EROTISCH.

YOSUKE GEHT TOTAL AB!

ICH KANN DEIN GESICHT NICHT SEHEN...

ALS WÜRDE ER YOSUKE SCHWÄNGERN!

VERRUCHT!

ANWEISUNG VOM VIZE-KAPITÄN!

DIE SYNCHRONSPRECHER HABEN'S DRAUF!

DER GEIST ENTWEICHT (VOR GLÜCK)

DIE GANZE ZEIT NUR DER EROTISCHE YOSUKE!

DAS IST... SO TIEF...

NEIN!

NUR ZEHN MINU-TEN AUFNAHME, ABER ÜBER DIE HÄLFTE WAREN LIEBESSZENEN...

DANACH GAB'S NOCH DIE AUFNAHME EINER EXTRAKAPITELS.

GANZ TIEF ABGETAUCHT...

↑ MUSS MASKE TRAGEN, WEIL ALLE GESICHTSZÜGE ENTGLEITEN

VIELEN DANK, DASS WIR DIESE TOLLE ERFAHRUNG MACHEN DURFTEN!

ES WAR, ALS WÄREN IKUO UND YOSUKE TATSÄCHLICH ANWESEND GEWESEN.

DIE HARMONISCHE STIMMUNG HIELT VON ANFANG BIS ENDE AN.

ES WAR EINE LUSTIGE UND LEBENDIGE AUFNAHME!

ES GING ALLES SO SCHNELL VORBEI.

☀ IN KAPITEL 2 UND 4

SEIN GESICHTS-AUSDRUCK IST DOCH NICHTS ALS EINE MASKE.

ER WEISS, DASS ES NICHT GEHT UND WEINT IRGENDWO IM HERZEN.

BEI MIR IST ES: »DU KOMMST VIER STUNDEN UND 35 MINU-TEN ZU SPÄT, VIZE-KAPITÄN.« UND »LEBWOHL, ARIMURA!«.

UM DIESEM SATZ DEN RICHTIGEN AUSDRUCK ZU VERLEIHEN, HABE ICH MIR GANZ SCHÖN DEN KOPF ZER-BROCHEN.

MEINE LIEBLINGS-STELLE IST DIESE HIER: »JA... DAS HABE ICH WOHL.«.

AM ENDE DER AUFNAHME SPRACHEN DIE BEIDEN HAUPT-ROLLEN NOCH EINMAL IHRE LIEBLINGSSTEL-LEN AUS DEN SKRIPTEN.

☀ IN KAPITEL 3

ICH WEISS!

DANN WILL ICH AUCH MEINS SAGEN.

HÖREN SIE BITTE GANZ GENAU HIN!

GENAU!

»IMMER AUF IKUOS SEITE.«

ER WEISS ES, ABER ER WILL ES NICHT WAHRHABEN.

VIELEN DANK, DASS IHR BIS HIERHER GELE-SEN HABT.

ICH HOFFE, DIE JAPANISCHEN FANS FREUEN SICH AUF DAS HÖRBUCH »SAYONARA GAME«!

ICH HOFFE, DASS ALLE FREUDE AN DER CD HABEN WERDEN – DIEJENIGEN, DIE DAS ORIGINAL KENNEN UND DIE, DIE ES NICHT KENNEN.

... IST EIN WERK VOLLGEPACKT MIT GEFÜHLEN DARAUS GEWORDEN.

DANK DER BEMÜHUNGEN ALLER BETEILIGTEN SYNCHRON-SPRECHER UND MITARBEITER DER AUFNAHME...

8

DANKE, DASS IHR „CHANGE WORLD, TEIL 2" IN DIE HAND GENOMMEN HABT.

ICH KONNTE IN DIESEM WERK ZEICHNEN, WIE IKUO UND YOSUKE SICH NACH ANFÄNGLICHER VERLIEBTHEIT WEITERENTWICKELT HABEN.

DIE WELT IST VOLL VON LIEBE UND FÜR DIE BEIDEN IST IHRE LIEBE NICHT NUR EINE SACHE ZWISCHEN DEN BEIDEN, SONDERN AUCH ANDERE MENSCHEN SIND INVOLVIERT. SIE HABEN SORGEN UND SIE VERTIEFEN IHRE LIEBE.

ICH HABE MIT ABSICHT KEIN „THE" IN DEN TITEL GESCHRIEBEN. DENN ICH DENKE, DASS SICH NICHT NUR IKUO UND YOSUKE VERÄNDERN, ALS SIE IN DAS HERZ DES ANDEREN GEBLICKT HABEN, SONDERN DASS VERÄNDERUNGEN AUCH BEI ANDEREN MENSCHEN IN IHREM LEBEN AUFTRETEN. DAS HABE ICH EINFLIESSEN LASSEN UND AUCH HOZUMI, DER FÜR DIE BEIDEN EINE SCHLÜSSELFIGUR IST, BILDET KEIN AUSNAHME.

JETZT, WO ALLES ZU ENDE GEZEICHNET IST, MÖCHTE ICH SEINEN CHARAKTER GERN NOCH WEITER AUSBAUEN.

ICH WÜNSCHE MIR WIRKLICH, IKUO UND YOSUKE NOCH EINMAL ZEICHNEN ZU DÜRFEN, DENN DIE BEIDEN WERDEN AB JETZT SICHERLICH NOCH VIELE WEITERE HÜRDEN ZU NEHMEN HABEN. ES GIBT DA ETWAS, WAS ICH GERN NOCH ZEICHNEN WÜRDE UND ICH HOFFE, ICH BEKOMME DIE GELEGENHEIT DAZU.

UND NOCH ETWAS ANDERES: ES IST MIR EINE GROSSE EHRE, DASS „SAYONARA GAME" EIN JAPANISCHES HÖRBUCH BEKOMMT. ICH DURFTE DAZU EIN BISSCHEN „HINTER DEN KULISSEN" ZEICHNEN UND WIE BEREITS DORT ERWÄHNT, IST ES EINE GROSSARTIGE CD GEWORDEN. SIE ERSCHEINT AM 15. DEZEMBER UND ALS KLEINES EXTRA GIBT ES EINEN SPEZIALCOMIC DAZU. WER INTERESSE HAT, SOLLTE ALSO ZUGREIFEN.

ZUM ENDE MÖCHTE ICH VIELEN MENSCHEN MEINEN DANK AUSSPRECHEN: ALLEN, DIE DIESES BUCH GELESEN HABEN, DER REDAKTEURIN K., DEN DESIGNERN, MEINEM ASSISTENTEN MAMECHOSU UND ALLEN LESERN, DIE MICH IMMER UNTERSTÜTZEN.

↑ DER URSPRUNG DER RÄTSELHAFTEN ZEICHNUNG AUF DEM COVER. EINE AUF TWITTER HOCHGELADENE SKIZZE: DER CHANGE-WALD. (NICKNAME EINES LESERS)

SUTOPPU!

**Koko wa kono manga no owari dayo.
Hantaigawa kara yomihajimete ne!
Dewa omatase shimashita!
Tanoshii hitotoki wo dozo!**

Egmont-Manga-Chiimu

STOPP!

**Das ist der Schluss des Mangas.
Fangt bitte am anderen Ende an!
Und nun genug der Vorrede,
viel Spaß beim Lesen!**

Euer Egmont-Manga-Team

„Change World" von Yuu Minaduki
Aus dem Japanischen von Tabea Kamada
Originaltitel: „Change World" vol. 02

Originalausgabe:
CHANGE WORLD vol. 02
© 2017 Yuu Minaduki.
All rights reserved.
First published in Japan in 2017 by SHINSHOKAN CO., Ltd. Tokyo
German version published by EGMONT Verlagsgesellschaften mbH under
license from SHINSHOKAN CO., Ltd.

Deutschsprachige Ausgabe:
© 2021 Egmont Manga
verlegt durch Egmont Verlagsgesellschaften mbH,
Alte Jakobstraße 83, 10179 Berlin

1. Auflage 2021

Verantwortliche Redakteurin: Luisa Steinhäuser
Gestaltung: Laura Bartels
Printed in the EU

Textbearbeitung: Frank Neubauer
Koordination: Angelika Schönhuber
ISBN 978-3-7704-4161-7

Noch frecher wird's auf
www.egmont-manga.de
Unsere Bücher findest du im Buch- und Fachhandel und auf

www.egmont-shop.de

Die Egmont Verlagsgesellschaften gehören als Teil der Egmont-Gruppe zur
Egmont Foundation - einer gemeinnützigen Stiftung, deren Ziel es ist, die sozialen,
kulturellen und gesundheitlichen Lebensumstände von Kindern und Jugendlichen zu
verbessern. Weitere ausführliche Informationen zur Egmont Foundation unter
www.egmont.com